Las cosas que me gustan

Me gusta el baloncesto

por Meg Gaertner

www.littlebluehousebooks.com

© 2023 por Little Blue House, Mendota Heights, MN 55120. Todos los derechos reservados. Ninguna parte de este libro puede ser reproducida ni utilizada de ninguna manera ni por cualquier medio sin el permiso escrito de la editorial.

Traducción: © 2023 por Little Blue House
Título original: I Like Basketball
Texto: © 2023 por Little Blue House
Traducción: Annette Granat

La serie Little Blue House es distribuida por North Star Editions.
sales@northstareditions.com | 888-417-0195

Este libro ha sido producido para Little Blue House por Red Line Editorial.

Fotografías ©: Imágenes de iStock: portada, 4, 7, 8–9, 11, 16 (esquina superior izquierda), 16 (esquina superior derecha), 16 (esquina inferior izquierda), 16 (esquina inferior derecha); imágenes de Shutterstock: 12–13, 15

Library of Congress Control Number: 2022912431

ISBN
978-1-64619-684-5 (tapa dura)
978-1-64619-716-3 (tapa blanda)
978-1-64619-779-8 (libro electrónico en PDF)
978-1-64619-748-4 (libro electrónico alojado)

Impreso en los Estados Unidos de América
Mankato, MN
012023

Sobre la autora

Meg Gaertner disfruta leer, escribir, bailar y hacer actividades al aire libre. Ella vive en Minnesota.

Tabla de contenido

Me gusta el baloncesto **5**

Glosario **16**

Índice **16**

Me gusta el baloncesto

Hay que practicar mucho para jugar al baloncesto.

Hacemos rebotar el balón.

Mi equipo juega contra otro equipo.

Corremos por la cancha con el balón.

Miro al aro.

Voy a hacer un tiro.

Lanzo el balón.

Hago una canasta.

13

Mi equipo gana el partido.

Nos gusta el baloncesto.

Glosario

aro

cancha

balón

equipo

Índice

A
aro, 10

C
corremos, 8

L
lanzo, 12

P
practicar, 5